27
Jn 11862

NOTICE

SUR

ANTOINE LEBLANC,

Professeur à l'Ecole Centrale de la rue Antoine
membre de l'Institut National et de la Socié
libre des Lettres, Sciences et Arts ;

*Lue à la rentrée des ÉCOLES CENTRALES d
Département de la Seine le 1er. Brumaire,
à l'École Centrale de la rue Antoine, le
Vendémiaire, an 8 ;*

Par J. F. R. MAHÉRAULT, Professeur à l'Eco
Centrale du Panthéon.

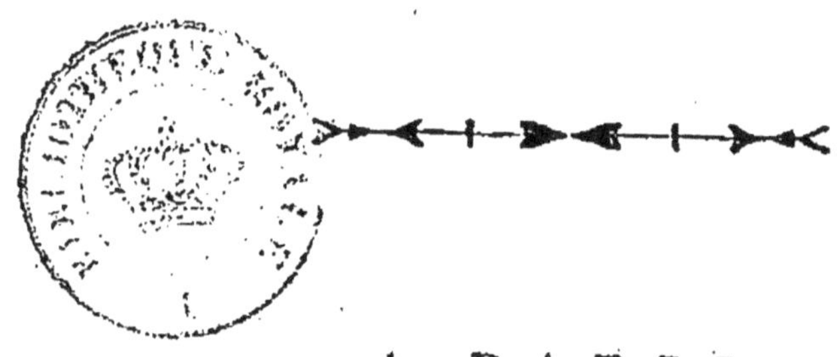

A PARIS,

De l'Imprimerie de BALLARD, rue des Mathurin

AN VIII.

NOTICE

ANTOINE LEBLANC.

Lorsque Fielding expira, son portrait, à peine ébauché pour la première fois, ne pouvoit s'achever par la perte du modèle. Étroitement lié avec le célèbre Romancier, le célèbre Garrik apprend cette seconde perte; il essuie ses larmes; revet le costume de son ami; décompose ses traits, pour imiter ceux que la mort a fait disparoître; et se présentant au peintre étonné : *C'est* Fielding, dit-il, *achève de me peindre.* En effet, le tableau se termine; il est frappant de ressemblance, et l'admiration peut encore contempler les traits du Génie brillant qui créa Tom-Jones, Andrews et Amélie.

Ce prodige du talent et de l'amitié, le talent et l'amour conjugal viennent de le surpasser. L'auteur des Druïdes avoit cessé de vivre, sans

qu aucun portrait retraçât sa figure. Absorbée pendant six mois dans son désespoir, sa veuve se
réveille comme d'un long assoupissement. — Rends-
moi l'objet de mes regrets, dit-elle à l'artiste distingué (*), dans l'atelier duquel sa douleur l'a
conduite. Tu l'as à peine entrevu, il y a deux ans :
n'importe. Prête-moi ta main et ton art ; je te
prêterai mon cœur et mes yeux. — Aussitôt l'argile
obéit ; elle se développe ; elle respire ; c'est LEBLANC
que les yeux attendris de l'Amitié reconnoissent à
travers les pleurs qui les offusquent ; c'est LEBLANC,
que sa veuve éperdue embrasse et presse contre son
cœur. Ainsi les arts, enfans de l'imagination et
de la sensibilité, servent à leur tour la sensibilité
et l'imagination ; ainsi le caractère de singularité,
qui distingua la vie de certains hommes, s'attache
encore à leur mémoire : comme ces arbrisseaux
flexibles, qui n'abandonnent pas, même après sa
chûte, le tronc auquel ils se sont enlacés.

Cette observation, LEBLANC la vérifie, dans toute
son étendue. Chaque pas qu'il fit dans la carrière de la
vie et des Lettres, fut marqué par la contradiction.
En les suivant, on croit voir une main puissante qui
l'écarte du but, proposé par les autres, ou choisi

(*) Le citoyen Goy père, sculpteur.

par lui-même , et le pousse avec force vers des points opposés (*). Il expire; les ÉCOLES CEN-TRALES veulent qu'on les entretienne de la perte qu'elles ont faites; et les amis de ce littérateur, les confidens de ses actions et de ses pensées, choisissent pour l'apprécier celui qui lui fut presque étranger; ils veulent qu'une main peu exercée élève à sa gloire un monument, que leurs talens consommés pouvoient seuls rendre digne de lui. Du moins mon jugement en sera plus libre, mon hommage plus indépendant. Ce qui paroîtroit excusable dans la bouche d'un ami , seroit à-la-fois ridicule et coupable dans celle d'un historien.

Ce n'est donc ni un éloge, ni un panégyrique, mais un simple récit que je présente. En l'écrivant, je me suis cru en présence des amis de LEBLANC,

---

(*) LEBLANC fut Poète , et au collége on le dispensa d'étudier la Poésie; il se destinoit à la médecine , il entra dans l'Oratoire ; on voulut le faire prêtre , et il vint à Paris se marier ; il s'étoit consacré à la littérature dramatique , et on le força de se livrer au genre didactique ; sur la fin de ses jours, il désira être Bibliothécaire, et on le nomma Professeur ; il mourut sans laisser aucun portrait, et six mois après sa mort, on a fait son buste. . . .

de ses collègues, de ses disciples, de tout ce qui compose la seconde conscience d'un instituteur vertueux. En lisant sa vie devant ses disciples, ses collègues et ses amis, je me crois en présence de la postérité. Oui : LEBLANC peut paroître sans crainte à son tribunal. Les cris de l'envie, les fureurs de la persécution expirent sur les bords de la tombe, ou n'y retentissent qu'en échos d'admiration.

O vous, qui venez à la voix de la Reconnoissance et de l'Amitié, payer à l'homme de bien, qui n'est plus, des honneurs tardifs, pesez ses droits à ces mêmes honneurs ! Si vous jugez qu'il ne les a point mérités ; arrachez ces fleurs et ces guirlandes ; brisez cette vaine image ; car la justice est encore plus sacrée que la reconnoissance. Mais si LEBLANC n'a point démenti ses écrits par ses mœurs ; si après avoir proclamé la vérité, il a mérité d'être persécuté pour elle ; enfin s'il a rempli sa tâche d'Homme, de Littérateur et de Citoyen, consolez ses cendres perdues dans la foule ; vengez son ombre du deuil trop fugitif, du silence trop muet de nos sépultures ; et que le jour de la justice se lève enfin sur sa tombe, pur comme sa conduite, doux et consolant comme le souvenir de ses actions.

A NTOINE LEBLANC, (de Guillet) (1) eut le bonheur, pour un poète, de naître dans un port de mer, et sous le ciel inspirant de Marseille. Ce fut le 2 Mars 1730. Il trouva dans sa famille l'exemple de cet esprit d'indépendance et d'activité, qui caractérise les négocians. On lui donna, selon l'expression du tems, une bonne éducation; c'est-à-dire, qu'on eut soin de l'envoyer au collége, alors renommé, d'Avignon. Son talent pour la poésie s'y annonça par un de ces traits, qu'on se rappelle avec plaisir dans la suite, quand ils sont justifiés par de plus grands succès : comme, après avoir considéré les larges bords d'un fleuve, on aime à découvrir le filet d'eau qui forme sa source.

Une maladie d'yeux avoit retenu chez lui notre élève, pendant qu'on enseignoit les principes de la versification latine. Piqué à son retour de se voir dispensé de concourir en vers, l'espiègle glisse sa copie entre celles de ses camarades. Le professeur étonné prétend que la jeune muse a eu des secours; la rougeur, l'embarras de l'accusé ajoute à la vraisemblance de l'accusation. Pour la vérifier, LEBLANC est enfermé avec une nouvelle matière, qui doit être traitée dans un tems déterminé. D'abord on s'indigne du soupçon, on pleure, on se désespère; mais le tems presse; les vers sont achevés; le professeur les lit; embrasse le jeune poète, et va proclamer son talent précoce.

En effet, ses études s'achevèrent avec ces brillans succès qui annoncent ordinairement la supériorité, et font contracter aux esprits ambitieux le besoin des distinctions, aux ames généreuses, celui de la gloire.

Ce fut, sans doute, par ce dernier sentiment que les Oratoriens l'attaquèrent; car, d'après une politique, qu'ils avoient héritée d'une société plus fameuse, ou plutôt qui est naturelle à tous les corps enseignans, ils s'efforçoient de le retenir dans leur Congrégation. Contrarié au sein de sa famille sur son goût pour la médecine (*), il éprouvoit une opposition, qui, pour la première fois peut-être, n'eut point un résultat contraire à celui qu'on se propo-

____

(*) Les motifs de ses parens étoient qu'un frère aîné avoit déjà pris le parti de la Médecine. On vouloit que le cadet se livrât au Commerce; il préféra celui des Muses.

soit. En effet, conseillé par ce LAVISCLEDE, qui fut le parrain littéraire de tant de jeunes talens, et mérita d'être nommé le Fontenelle de la Provence, LEBLANC céda sans peine aux sollicitations de ses maîtres. Il paroissoit si jeune, qu'en se présentant à l'Institut du Noviciat, on lui demanda *s'il n'amenoit point avec lui sa nourrice ;* enfin, après les épreuves usitées (2), à seize ans, il s'enrôla sous les drapeaux de Berulle : fier de commander, lorsqu'il n'avoit encore qu'obéi ; d'enseigner, lorsqu'il devoit encore apprendre. Sa joie fut bientôt troublée par un petit évènement, que lui-même, dans la suite, racontoit volontiers à ses amis, et que mes jeunes auditeurs me pardonneront sans doute de leur citer ; ils y trouveront encore une leçon conforme à leur âge.

Confiant, comme on l'est dans la jeunesse et dans les colléges, le nouveau professeur s'étoit chargé d'un de ces exercices qui font époque dans les maisons d'éducation. Trompé par la ressemblance des sons, il prit OCREA, qui signifie une *botine,* pour COCHLEA, qui signifie un *coquillage, un limaçon.* Delà les quolibets, les plaisanteries, et ces épigrammes, qui, pour être de collége, n'en sont pas moins piquantes. Tout autre se seroit cru perdu sans ressource. Mais au lieu de se désespérer, LEBLANC va trouver son supérieur ; le conjure de lui indiquer le moyen le plus prompt de bien apprendre le latin. Celui-ci lui prescrit de prendre les lettres de Cicéron ; de placer, à l'aide d'un dictionnaire, le mot français sous chaque mot du texte latin ; de corriger ensuite cette interprétation, sur la traduction imprimée ; puis de retraduire ce français en latin, pour le comparer avec le latin de l'auteur original ; travail fastidieux, qui eût occupé tout autre une année entière ; il est dévoré en trois mois. Vers ce tems on devoit prononcer publiquement ce qu'on appelloit une *Oraison latine* (tel étoit l'idiome par excellence des colléges). LEBLANC brigue cet honneur. Ses confrères y consentent, se promettant de rire aux dépens de l'orateur. En effet, à les entendre, son discours n'étoit qu'un tissu de gallicismes, pour ne rien dire de plus. Qu'on se figure leur étonnement, lorsque ce jeune homme, qui, trois mois auparavant, ne distinguoit pas OCREA de COCHLEA, soutient et prouve qu'il n'a pas employé une phrase, une tournure, un mot qui ne soit dans Cicéron. Dès-lors les rieurs furent de son côté, et ses collègues conçurent pour lui cette espèce de vénération qu'on accorde aux efforts dont on se reconnoît incapable.

Cet évènement, si peu important en apparence, ouchoit à l'amour-propre, dont rien n'égale la mémoire prodigieuse, si ce n'est la prodigieuse intelligence : il influa donc sur toute la vie de

Leblanc. Il lui fit contracter l'habitude de cette modeste retenue, à laquelle le portoit son caractère, et qui est la parure, je dirois presque, l'excuse du talent; il lui fit sentir la nécessité de connoître à fonds ce qu'on veut enseigner, et même de l'enseigner pour s'en assurer. Il lui révéla le secret d'une méthode précieuse pour l'étude des langues, et l'immense avantage d'une patience, que Buffon confondoit avec le génie; mais qui du moins est un de ses symptômes, ou de ses effets.

Avec ces moyens, Leblanc eut bientôt refait son éducation scientifique et morale. Langues anciennes et vivantes, Histoire et Philosophie, Poésie et Littérature, il approfondit tout. Pendant dix ans, il professe en divers colléges les Humanités et la Réthorique, avec l'éclat que donne l'érudition jointe à la facilité d'écrire en vers latins ou français (3). Aussi, jaloux de le fixer parmi eux, ses supérieurs veulent le tenter par cette passion, que les petits esprits supposent toujours aux ames ardentes ; celle des places et des honneurs. Pour faciliter son avancement, ils le pressent d'entrer dans les Ordres. Le jeune professeur étoit trop Philosophe pour aliéner ainsi sa liberté et sa conscience ; il étoit trop sensible pour ne pas découvrir toutes les épines d'un sentier, qu'on lui présentoit comme celui des jouissances ; c'est pour cela sans doute que, dans la suite, il a si bien exprimé le malheur d'une pareille situation, en ces vers :

N'est-il donc de vertu que sous un joug affreux ?
N'est-il de vrai bonheur qu'à porter une chaîne ?
Bonheur trop acheté ! vertu trop inhumaine !
Tyran de la nature, effroi de la raison !
Eteins en moi du moins ce funeste poison,
Qui m'embrâse d'un feu que le ciel désavoue,
Et profane l'autel où le sort me dévoue !......
Hélas ! quels jours affreux me seront réservés !
Quels regrets ! quels tourmens en secret dévorés !
Toujours cacher son cœur, s'éviter, se contraindre,
Pleurer, se condamner ; tout désirer, tout craindre ;
Nourrir toujours en soi son plus fier ennemi,
N'oser lever au ciel un regard affermi ;
Attendre avec effroi la mort que l'on implore ;
Et trouver au tombeau la clarté qu'on abhorre.....

Pénétré de ces sentimens, il aima mieux quitter une profession, à laquelle l'attachoient ses goûts solitaires et sa passion pour l'étude. On voulut en vain l'effrayer par son peu de fortune ; n'avoit-il pas six cents francs de rente, et son talent ? Le voilà donc parti pour la capitale, avec peu d'argent, mais un grand fonds de philosophie, de vastes espérances, et une légère valise.

A cette époque, comme de nos jours, la ressource des jeunes littérateurs étoit de composer des romans et des journaux : avec cette différence pourtant, qu'on y exigeoit alors de l'intérêt et de la vraisemblance, du goût et de l'instruction, du style et même du bon sens. Livré par nécessité à ces sortes de compositions (4), notre collègue dans la suite, soit justice, soit défaut de mémoire, en oublia jusqu'au titre ; et en effet son véritable début, dans la carrière littéraire, fut sa tragédie de MANCO-CAPAC.

Voltaire, dans Alzire, n'avoit opposé l'homme sauvage à l'homme policé, que sous les rapports brillans de l'amour et de la religion. Sans presque employer ces deux ressorts, LEBLANC ose, dans un premier ouvrage, mettre en opposition les avantages de la civilisation avec ceux de l'état naturel, et réfuter dramatiquement le fameux paradoxe du Philosophe Genevois (5). Le lieu de la scène est le Nouveau Monde ; l'époque, celle où les Mexicains commencent à sortir de la barbarie ; le héros, HUASCARD, jeune chef de sauvages, plein de fierté et de valeur, passionné pour la liberté ; préférant ses bois et ses rochers indépendans, à l'esclavage des villes bâties par Manco, à la corruption des arts qui s'y introduisent ; refusant avec indignation le pardon que veut lui donner ce législateur, son vainqueur par les armes; et cependant sauvant ce vainqueur des piéges d'un prêtre ambitieux, qui veut s'élever au trône des Mexicains par la ruse, la révolte et l'assassinat. C'est en donnant la mort à ce traître, qu'il prononce ce vers connu :

J'ai prévenu sa rage :

Voilà l'homme civil; reconnois le sauvage.

Alors, grace à l'excès de notre civilisation, les primeurs, même du talent, étoient dues à la puissance. La pièce nouvelle fut donc représentée, pour la première fois, à Choisy devant la Cour, le 12 Juin 1763. C'étoit l'année où les Choiseuls, fiers de l'avilissant traité de Paris, régnoient sous le nom de Louis XV; abusoient de la flexibilité d'un peuple bon et sensible, pour lui cacher, sous le prestige des arts, l'épuisement de ses finances, de sa marine et de son commerce; et, rendant le voluptueux monarque chaque jour plus indigne du surnom de BIEN-AIMÉ, venoient de lui faire articuler au sein du parlement, *qu'il ne tenoit sa couronne que de Dieu seul.* Qu'on se figure donc les frémissemens d'indignation qu'éprouvent les courtisans aux peintures énergiques des abus du despotisme, et sur-tout à ce vers relatif aux droits du peuple :

On est grand par soi-même; on n'est Roi que par lui.

ou lorsqu'Hüascard, repoussant les prétendus avantages des arts, s'écrie :

Voilà par où les Rois cherchent à nous séduire.
Et qu'avons-nous besoin de ces arts dangereux ?
Et que peut-on apprendre à qui sait être heureux ?
Nous l'étions dans nos bois. Cette pompe inconnue,
Cet éclat imposant, qui frappe ici la vue,
Sont l'ivresse de l'homme, et non pas son bonheur.
Ah ! s'il peut le trouver, ce n'est que dans son cœur ;
Ce n'est que dans ce bien qu'il falloit mieux défendre,
Qu'un tyran nous arrache, et que je veux vous rendre,
La LIBERTÉ ! content d'enchaîner l'univers,
Que ce fier oppresseur nous laisse nos déserts.

ou enfin lorsque le jeune sauvage voit *Manco*, tremblant pour son trône, pour la vie de ses enfans, pour la sienne propre, l'insulte en ces termes :

De quelque nom brillant qu'en ces lieux on te nomme,
A tes yeux, malgré toi, tu n'es enfin qu'un homme,
Asservi, comme nous, au retour du destin :
Tu fis trembler le monde, et tu trembles enfin ;
Tyran ! puisse ta cendre, à la terre rendue,
Dans la foule au hazard se trouver confondue !
Que la mort te replonge en cette Égalité,
D'où sortit un instant ton orgueil indompté !

Et qu'elle éteigne enfin dans une nuit profonde,
Ce nom de Roi, l'opprobre et la terreur du monde !

Témoins de l'effet que produisoient ces tirades, les amis de LEBLANC s'attendoient à voir à chaque instant les acteurs interrompus, et l'auteur, par un dénouement imprévu, envoyé à la Bastille, y réfléchir sur le choix de ses sujets. Cependant la pièce s'achève. Le poëte, à qui son danger n'avoit point fait perdre l'esprit, se trouve sur le passage du Roi, et lui présente quatre vers impromptu, dans lesquels il louoit, ou supposoit sa clémence et sa bonté (6). La louange manque rarement son effet. Le Monarque charmé annonce hautement que la nouvelle tragédie lui a fait beaucoup de plaisir. Dès-lors les courtisans, aussi bas dans leur soumission que dans leur emportement, se contentent d'empêcher que MANCO ne soit redonné devant la Cour. L'auteur s'en consola par ses succès à Paris devant un autre public plus éclairé. C'est au sortir d'une de ces représentations, que THOMAS, qui voyoit tout en orateur, dit, au sujet du rôle d'Hüascard : *Ce sauvage a une éloquence brutale, qui entraîne. Il parle toujours, comme on combat, les poings fermés.* Dès ce moment, THOMAS lia connoissance avec l'auteur, à qui, dans sa correspondance, il donnoit le titre, alors fort singulier, de *Poëte Citoyen.* Ce beau titre, LEBLANC sut le mériter.

Par une nouvelle audace, il veut attaquer sur la scène le despotisme de ce clergé, qui jadis avoit persécuté et fait trembler les rois, et qui, de concert avec eux, persécutoit alors les philosophes, mais sans les faire trembler. Il compose sa tragédie des Druïdes, où sous des noms anciens, il peint l'intolérance orgueilleuse et le fanatisme sans pitié de son tems. Quoique, pour se ménager un contraste, et peut-être une excuse, il y eût placé un prêtre humain et bienfaisant, la pièce est arrêtée à la censure. Des amis puissans intercèdent ; la police consent à ce que le manuscrit soit confié à un autre censeur : c'étoit un archevêque (*). LEBLANC parvient à le connoître , à le voir ; il obtient même de lire avec lui sa pièce. A chaque acte, il demande ce qu'on peut y blâmer.==*Rien*, est forcé de répondre l'Aristarque mîtré ; *au contraire, la morale en paroît saine et consolante. == Pourquoi donc en empêcher la publication? — Ah ! c'est que parmi nos* DRUIDES *actuels, il y a beaucoup d'*EMNON (c'est le nom du prêtre cruel et fanatique), *et bien peu de* CYNDONAX (c'est le philantrope). Pour paroître ressembler à ce dernier, le censeur permet la représentation. Il exige cependant, pour plus grande sûreté, le *visa* d'un

____

(*) Loménie-Brienne, Archevêque de Toulouse.

docteur de Sorbonne. La pièce est enfin donnée le 7 Mars 1772 (7). On s'obstine à reconnoître l'archevêque de Paris dans le portrait du grand Druide, intolérant et féroce. Furieux de l'application, Beaumont fait défendre la pièce, sans songer à cette autre application : *Monseigneur ne veut pas qu'on le joue.* Il prétendit qu'en employant le nom de Hésus, divinité des Gaulois, l'auteur avoit voulu attaquer et outrager la divinité du Christ. Leblanc, croyant l'erreur sincère, essaya par lui-même, et par ses amis, de la dissiper. L'archevêque n'ose avouer qu'il se mêle d'un autre spectacle que de celui de sa cathédrale; il assure n'avoir aucune part à la défense de la représentation. Forcé dans ses derniers retranchemens, il écrit même au lieutenant de police; mais par une ruse, digne de ses pareils, il avoit marqué sur le *verso* de sa lettre, que, n'ayant pu refuser ce désaveu, il continuoit de défendre, au nom des mœurs et de la Religion, une pièce aussi criminelle que séditieuse (8). En effet, dans le dictionnaire du Fanatisme, la raison est un crime, la tolérance, une révolte. Qu'on en juge par ce seul morceau, désigné comme un des plus coupables.

Quoi! ce Dieu, dont la foudre épouvante les crimes,
N'est dans tous vos portraits qu'un despote effréné,
Bourreau de sa famille, à sa perte acharné;

Qu'un

Qu'un dieu traître , menteur, terrible, impitoyable ;
Envers qui, malgré lui, l'homme est toujours coupable ;
Avare de pardon , prodigue de tourmens ,
Jaloux d'éterniser ses cruels châtimens ;
Se proclamant lui-même aux races allarmées
Le dieu de la vengeance , et le dieu des armées ;
Et fier d'être entouré d'esclaves gémissans ;
Tremblans de rencontrer ses regards menaçans.
Ah! pouvez-vous penser que l'auteur de la vie ,
Ce Dieu , qui ne s'annonce à la terre attendrie
Que par les soins , les dons de l'amour le plus pur ,
Jamais pour les humains soit un tyran si dur :
Non; c'est lui qui vous parle : «Aimez-moi, dans vos frères,
» Vous trouverez en moi le plus tendre des pères ;
» Par un commerce heureux de bienfaits et de soins ,
» L'un de l'autre, à l'envi , prévenez les besoins ;
» Que le fort tende au foible une main protectrice ;
» Époux , enfans , amis , voilà le sacrifice ,
» Voilà le culte pur , avoué par ma loi ,
» Et l'hommage, et l'encens, qui monte jusqu'à moi ».

Telle étoit la morale que le clergé condamnoit,
et qui , en pleine table de l'archevêque, valoit à l'auteur le nom de scélérat. Cependant, elle avoit été
approuvée par la Sorbonne , et cette approbation
donna lieu à une petite querelle théologique , dont
retentirent les journaux du tems.

Pour obtenir la défense des Druïdes, on avoit employé, ce qu'on nommoit alors, une *auguste Princesse*, qui, faute de mieux, s'occupoit des cas de conscience; elle se récrioit sur le scandale auquel on avoit fait participer la Cour, en y représentant un drame aussi impie; on lui répondit par le *visa* de son confesseur, de l'abbé BERGIER, qui, censeur des censeurs, venoit de trouver quatre-vingts propositions erronées et mal sonnantes, dans une histoire de Siam, ouvrage approuvé par le fameux RIBALLIER : grands gémissemens, sur la facilité du directeur, qui avoit pu s'oublier à un tel point. Au lieu de donner l'absolution, c'est lui-même qui est réduit à la solliciter; en effet, il écrit, en forme de lettre, un bel acte de contrition ; il s'y confesse coupable; et, pour s'excuser, prétend que ce sont deux Académiciens qui ont empoisonné la pièce par des tirades philosophiques, insérées après l'approbation. L'Académie, par l'organe de WATELET, somme le théologien de nommer les coupables; nouvel embarras, si toutefois un docteur pouvoit en connoître. Il soutient que c'est l'auteur même, qui, après coup, a glissé dans sa tragédie quatre à cinq cents vers, que lui censeur n'eût pas manqué de mettre à l'index. LEBLANC prouve par son manuscrit qu'au lieu d'additions, il a fait des retranchemens. BERGIER ne sait plus que répondre ; et, au grand scandale des fidèles, il se trouve convaincu de deux gros mensonges, et qui plus est, suspect de tolérance et de Philosophie (9).

Les Druïdes n'en furent pas moins rayés du répertoire. Ce ne fut qu'après la mort de la grande Princesse, et par l'entremise d'un autre Prince, qui, malgré sa grandeur, savoit penser, qu'on pût en obtenir la reprise. Il n'étoit pas encore arrivé ce tems, où avec moins d'entraves et plus de succès, un jeune poète devoit exposer à l'indignation publique, sous leur vrai nom, sous leur véritable costume, un Cardinal bénissant les poignards de l'assassinat, une Reine et un Roi de France conjurant contre leur peuple ; puis, sur le même théâtre, de nous attendrir par la touchante peinture de ce prélat philosophe, de cet instituteur sentimental, dont le nom seul fait du bien à l'ame, et console d'appartenir à l'humanité ; cette double gloire devoit encore appartenir aux Écoles centrales de la Seine, qui comptent parmi leurs juges l'auteur de *Charles IX* et de *Fénélon.*

En but à la persécution d'hommes, en qui le renoncement aux autres passions donnoit plus d'énergie à celle de la vengeance, LEBLANC crut devoir faire diversion, et se réfugier à l'abri du trône, où l'on croyoit, comme au commencement de chaque règne, voir monter la justice et l'humanité, avec les graces et la jeunesse. Tel fut le motif qui lui fit donner, en 1775, ALBERT Ier., comédie héroïque, en vers de dix syllabes. Pour cette fois les conseils de la bienfaisance, cachés sous le voile de l'éloge, furent très-bien accueillis, et lui prouvèrent que la Vérité, qui a déjà le très-grand tort d'être la vérité, ne plaît au pouvoir, qu'en se déguisant sous les traits de la flatterie (10).

Dès-lors rebuté d'une carrière, où les dégoûts germent avec les succès, où l'intrigue et l'envie mêlent leurs cris aux applaudissemens et souvent les font taire, notre collègue se livre à ces compositions, dont la gloire moins proclamée doit être plus paisible.

Le traducteur des Géorgiques, si justement appellé *l'abbé* VIRGILIUS, venoit de mettre à la mode, chez un peuple lassé de chef-d'œuvres, la poésie didactique, qui se rapproche davantage des discussions économiques et savantes, alors très en vogue (11). Trop pénétré peut-être de la perfection désespérante de l'original, LEBLANC n'avoit pas assez senti l'adresse et le bonheur de la copie française, et il se proposoit d'en essayer une nouvelle. Un ami éclairé (12) le fit alors renoncer à ce projet, et dirigea son enthousiasme vers un autre poète, qu'il estimoit autant, pour ne pas dire plus, que Virgile : vers Lucrèce. Il enflamma son imagination par la gloire de présenter le premier aux Français un génie, qui le premier avoit présenté aux Romains la philosophie parée de ces couleurs, dont l'éclat, après dix-huit siècles, plaide encore et obtient grace pour les erreurs de la physique. Mais, osons le dire, le chantre de la Nature, et après lui, son traducteur, n'ont point *emmiellé le vase*, autant qu'ils s'en étoient flattés, afin que l'enfant (et nous le sommes tous en ce genre),

Surpris, mais non trompé, par cet art enchanteur,
Boive enfin la santé, sans dégoût, sans terreur.
Ainsi, pour attirer la foule encore rebelle
A la philosophie et profonde, et nouvelle,
Le Goût doit la parer des fleurs de l'Hélicon,
Et l'adoucir du miel, que lui verse Apollon.

Malgré ce précepte, la Raison, chez Lucrèce, n'est point assez souvent cette Vénus-Uranie, le modèle de la grace et du beau idéal. C'est presque toujours l'Hercule terrassant les monstres et les enfers. Faut-il s'étonner si son traducteur, comme Antée, se trouva étouffé dans les bras du demi-dieu ? au moins la lutte fut courageuse ; car la timide circonspection de notre langue, l'orgueil indigent de notre poésie craint et rejette le mot propre et le terme technique, si nécessaires dans les sciences. Nous ne pouvons donc encore offrir, à cet égard, que quelques morceaux épars de Voltaire, de cet homme unique, que l'on trouve sur toutes les avenues de la gloire littéraire : comme le guerrier qui se multiplie, et se présente à-la-fois à tous les points sur lesquels on peut l'attaquer.

Au reste, si LEBLANC, par une fidélité trop scrupuleuse, n'a pas assez versé de fleurs sur les raisonnemens abstraits, sur les discussions vagues de Lucrèce ; au moins il y a répandu le plus grand jour par des notes pleines de ces recherches, de ces rapprochemens, qui donnent plus de saillie et de lumière aux objets ; il en a réparé les lacunes par une de ces interpolations savantes, avec laquelle il eût pu tromper plus d'une érudition, humilier plus d'un amour - propre ; enfin il en a développé le systême dans un discours préliminaire, où le chaos de l'ancienne philosophie se trouve débrouillé avec cette supériorité d'analyse qui parle à l'esprit par le raisonnement, et ce charme des formes dramatiques, qui flatte l'imagination par une piquante variété. Aussi l'édition complète de cet ouvrage, imprimé avec quelque luxe à la fin de 1788, fut-elle entièrement épuisée dès l'an cinq, malgré le peu de succès dont les ouvrages purement littéraires ont joui dans cet intervalle, plus favorable à l'éloquence qu'à la poésie.

Le rapprochement des poètes anciens qui ont trouvé dans Lucrèce, non quelques paillettes, mais une mine opulente, ramène naturellement à Virgile; et l'ami de Mécènes est bien séduisant, après l'ami de Memmius. Il offroit à LEBLANC un charme de plus : celui que présente toujours l'objet de nos premières affections, de nos premiers projets. En s'imposant la loi de traduire en vers tous les imitateurs anciens de Lucrèce, son interprète n'eut donc garde d'excepter le seul qui pouvoit le dédommager d'un pareil travail; ainsi le premier pas, qui toujours est le plus difficile, se trouva franchi. Ces fragmens avoient fourni aux journaux des comparaisons utiles pour le goût, et quelquefois aussi pour la passion. Dès-lors l'honneur et la vanité, commandoient à notre collègue de prouver qu'il n'avoit point eu la prudence de concentrer toutes ses forces sur quelques difficultés, pour se prévaloir contre le courage, qui les avoit toutes surmontées. Il se trouva donc condamné à lutter, à-la-fois, contre le plus parfait des poètes anciens, et le plus brillant des modernes (13). C'est à lui-même à prouver, par des exemples, jusqu'à quel point il a eu tort ou raison dans cette entreprise hazardeuse. Écoutons - le d'abord prescrire entre les précautions qu'exige la culture de la vigne, celle d'en éloigner l'olivier sauvage.

Qu'un acier émoussé ne blesse point l'arbuste ;
Veille à ce qu'il soit libre ; et songe à le venger
Du sauvage olivier, si prompt à l'ombrager.
Souvent une étincelle, à l'œil même éclipsée,
Par d'imprudens bergers à ses pieds délaissée,
Se nourrit de ses sucs ; de l'écorce aux ramaux
Monte, s'élève, éclate après un long repos,
S'y déploie, et l'embrasse en flamme pétillante,
Qui, du tronc tout entier désormais triomphante,
Dans les airs obscurcis roule en noirs tourbillons.
Sur-tout, quand la tempête et les noirs aquilons
D'arbre en arbre en fureur transmettent l'incendie.
Pour tes ceps, dès ce jour, plus d'espoir, plus de vie;
Nul soin ne les ranime ; et, leur cruel bourreau,
L'olivier, seul vainqueur, renaît sur leur tombeau.

A ce dessin, qui nous paroît rendu avec la précision du genre didactique, opposons une peinture animée de ce mouvement, qui donne la vie aux compositions de la nature, comme à celle du génie. Nous la trouvons dans cette description du cheval, si justement fameuse. Pour le traducteur, c'est Bucéphale à dompter; LEBLANC en sera-t-il l'Alexandre ?

Vois d'un sang généreux le rejetton nouveau.
Est-il blanc ? alézan ? ton espérance est vaine.
Bai-brun, mêlé de gris? elle devient certaine.
Vois, comme le premier il marche avec fierté;
Tend un jarret nerveux; brave un fleuve irrité;
Sur un pont inconnu s'élance avec audace;
Et d'un bruit effrayant dédaigne la menace.
Que son port est altier ! quel museau délié !
Sous ses muscles enflés quel poitrail déployé !
Point de ventre apparent; croupe ronde et polie.
Mais la trompette sonne... ô transport, ô furie!
Il n'est plus à lui-même ! il tressaille, il bondit,
Frémit, dresse l'oreille, et gronde, et se roidit;
A longs flots sur son cou sa crinière est roulée;
Sur ses reins vigoureux son épine est doublée.
Tant d'ardeur, tant de feu contraint et renaissant
Jaillit de ses naseaux, de son œil menaçant.

Creusée avec effort, coup sur coup tourmentée,
La terre sous son pied retentit agitée ;
Et tout son corps appelle, et prévient les combats.

Le courage et la guerre ont leur charme ; mais l'industrie et la paix ont aussi leur mérite ; et Virgile a chanté des animaux qui en donnent à l'homme des leçons bien touchantes, et bien peu suivies : ce sont les Abeilles. Le traducteur aura-t-il dans son vol la légéreté de ces insectes ; dans ses vers, la douceur de leur miel ?

Mais Phébus, triomphant des noirs enfans d'Éole,
Repousse enfin l'hiver, fuyant vers l'autre pôle.
Il a rouvert nos cieux plus purs et plus sereins.
Quel essor je vois prendre à tes brillans essaims !
Dans les bois, les vergers, qu'ils aiment à s'ébattre !
Suis les jeux de l'insecte : en sa course folâtre
Il caresse les eaux, il moissonne les fleurs ;
Plus actif, il revient à ces soins enchanteurs
De la famille à naître, ou déjà renaissante.
On s'échauffe, on pétrit la cire jaunissante,
Et le miel le plus pur y coule à flots dorés.
Mais quel torrent soudain roule aux champs azurés ?
Quel nuage a voilé la lumière ternie ?
C'est un peuple nombreux, qui part en colonie ;
Il cherche une eau plus fraîche, et des bois plus couverts...
Laissent-ils par dégoût leurs ateliers déserts ?

Sur les pas de leur roi , dépouillé de ses aîles ,
Cours , va ramener ces cohortes fidelles :
Tu les verras soudain , respectant son repos ,
N'oser ni fuir le camp , ni lever les drapeaux.

Ces Abeilles sont si intéressantes qu'on les quitte
à regret. Me permettra-t-on de m'arrêter encore
un instant autour de leurs ruches, et d'y étudier,
avec le microscope de Virgile, ou plutôt de
Leblanc, les mœurs, l'instinct, et la brillante
activité de ces petits ouvriers ?

Seuls ils forment un peuple habitant sous des toits ,
Chérissant la cité , gouverné par des lois:
Remparts , foyers , trésor, produit de l'industrie ,
Enfans, rien n'est à lui ; tout est à la patrie.
Il prévient en été les besoins de l'hiver.
L'un , pour nourrir l'Etat, parcourt les champs de l'air;
L'autre de sucs visqueux , des larmes du Narcisse ,
Utile casanier , fonde un vaste édifice ,
Et suspend les berceaux en cire façonnés.
Celui-ci , tout entier aux soins des nouveaux nés,
De la famille élève et conduit l'espérance ;
Celui-là d'un miel pur entretient l'abondance ;
D'un nectar précieux les selliers sont comblés ;
Quelques-uns, par le sort aux portes assemblés,

Observent tour-à-tour la pluie encore lointaine,

Déchargent l'ouvrier, arrivant hors d'haleine,

Ou, d'un commun effort, rangés en bataillon,

Repoussent loin des murs le paresseux frélon.

Tout se meut, tout concourt au bonheur de l'empire ;

C'est le miel, c'est le thim qu'en parfums on respire.

Tels, d'acier amolli forgeant d'affreux carreaux,

Les Cyclopes brûlans hâtent leurs durs travaux :

L'un dans le cuir enflé reçoit l'air qu'il repousse ;

L'autre plonge un fer chaud dans l'eau qui se courrouce ;

Leurs bras, avec effort, en cadence élevés,

Retombent en cadence ; et de feux abreuvés,

Les lingots sont roulés par la tenaille ardente ;

L'Ethna tremble et gémit sous l'enclume grondante.

Ces citations, qu'il seroit facile de multiplier, si elles ne l'étoient déjà trop, ne feront point pâlir les couleurs si vives, si bien nuancées, avec lesquelles *Delille* a rendu les mêmes tableaux (14) ; elles prouveront seulement qu'on peut encore, après lui, glaner quelques fleurs. Heureux, si le dernier venu les eût recueillies avec un choix plus sévère, assorties avec un goût plus délicat ! si, non content de quelques détails heureux, qui font de bons morceaux, il eût soigné davantage l'ensemble, qui seul fait un bon ouvrage ! Mais LEBLANC étoit professeur : en traduisant, pour faire sentir à la jeunesse l'objet de ses études, il a dû tomber dans ces négligences qu'un instituteur se permet au milieu de ses élèves. L'académicien, son rival, écrivoit pour les gens du monde ; il vouloit leur faire goûter des beautés inconnues ; pouvoit-il le faire sans l'attention d'un homme qui sent continuellement le besoin de plaire ? Ce sont deux artistes, qui, avec une manière différente, ont copié le plus parfait des antiques, l'Apollon du Belveder. L'un présente une figure, qui, au premier coup-d'œil, paroît valoir l'original ; il faut l'œil de la critique et de l'érudition pour voir que les contours, à force d'être polis, sont peut-être altérés dans leur pureté : l'autre, au contraire, par respect pour son modèle, laisse à sa copie jusqu'aux sutures du moule ; il faut un œil indulgent et exercé pour sentir, sous ces rudesses apparentes, l'élégante perfection des formes originales.

Pour relever le mérite de notre collègue, je ne dirai point : il eût corrigé sa traduction ; il eût profité des conseils, qu'appelle le grand jour de l'impression. Non : LEBLANC écoutoit les critiques, et les suivoit peu ; il changeoit ses compositions, et ne les corrigeoit pas ; il trouvoit plus court de recommencer. Aussi son style, auquel on avoit d'abord reproché quelque rudesse et quelque négligence, n'a-t-il jamais présenté cette empreinte, plus ou moins déguisée, de la lime, qui donne aux vers, comme aux diamans, les saillies et le poli des facettes. D'ailleurs l'habitude des méditations philosophiques et des recherches savantes ne doit-elle pas insensiblement accoutumer à donner plus d'importance aux choses qu'aux mots; au fonds des idées, qui est tout pour la raison, qu'à leur forme, qui est aussi tout pour le goût. Qu'on y joigne une lecture habituelle de Cicéron (15), et par suite des auteurs anciens et modernes, qui se rapprochent le plus du tour périodique de cet orateur; comment alors acquérir ou conserver cette précision élégante, qui donne à la poésie sur la prose l'avantage des élixirs sur les liqueurs ordinaires ? comment surtout, après s'être distingué par une surabondance d'idées fortes et profondes, ne pas pécher à la fin par l'excès même de ces brillantes qualités ? car en littérature, comme en morale, tout excès est un défaut.

Qui ne sait encore combien le régime de l'esprit, comme celui du corps, influe sur leur constitution ? or celui que suivoit LEBLANC étoit tout particulier. Sans attendre le moment, souvent capricieux, de l'inspiration, il le commandoit. Il croyoit pouvoir tenir son génie à la chaîne, quand on y retient avec tant de peine son attention. Un plan une fois arrêté, il se pres crivoit de le remplir dans un tems déterminé; il s'imposoit sa tâche journalière, et ne se couchoit satisfait, que quand il l'avoit remplie. C'est ainsi qu'il se condamna à traduire, en trois ans, les six Chants du Poëme de la Nature, et les quatre Chants des Géorgiques, en deux; c'est ainsi qu'une pièce dramatique en cinq actes ne lui coûtoit ordinairement que cinq ou six mois: moyen quelquefois employé avec succès, pour donner à l'esprit plus de ressort, en le comprimant; mais qui doit l'affaisser sous le poids de la fatigue, et convertir en travail routinier, l'enfantement du génie.

A ces causes, qui ont plus ou moins influé sur le mérite littéraire de LEBLANC, il faut en joindre une dernière : l'éloignement trop continu, du moins depuis la Révolution, de cette société, qui délasse l'esprit sans le détendre, et polit le goût, comme le frottement polit les corps. Est-ce qu'il se trouvoit déplacé dans nos cercles ? non sans doute : car il y portoit cette simplicité touchante, dont le voile transparent embellit encore le mérite, qu'il paroît cacher. Il y portoit

une autre qualité précieuse : celle d'écouter ; et
un talent plus rare encore, dans un poëte : celui
de savoir louer les autres. Parroissoit-on surpris
de sa joie pour les succès de ses rivaux ? *pourquoi*, disoit-il, *ne pourrions-nous aborder ensemble à la gloire ? le rivage en est si étendu !*
Lui donnoit-on à lui-même quelques louanges ?
il les recevoit modestement, mais sans cette orgueilleuse humilité, qui semble appeller la con-
tradition ; car, comme il l'a dit quelque part :

Et quelquefois aussi, par un orgueil extrême,
On fait gloire, en public, de braver l'orgueil même.

Au reste, si dans les dernières années de sa
vie, des pertes chères à son cœur l'éloignèrent
un peu de la société de ses semblables, il aima
toujours, avec une égale passion, les livres et les
champs : société plus sûre, plus instructive, et
souvent plus consolante que celle des hommes.
Les jours qu'il passoit à la campagne ou dans sa
bibliothèque, étoient les seuls qu'il comptoit dans
sa vie (16). L'hiver, de légers travaux manuels,
ayant pour objet de petits meubles de cabinet ;
l'été, des courses et des promenades solitaires :
tels étoient ses délassemens. A la campagne, il ne
sortoit jamais sans un livre à la main, mettant

ainsi

ainsi le Génie aux prises avec la Nature, et voyant le tableau et la copie s'embellir réciproquement par leur comparaison : étude vraiment digne du talent, et qu'il a chantée dans une épitre sur la nécessité de joindre le pathétique et le dramatique aux descriptions. C'est dans ce Poëme, où l'auteur joint adroitement l'exemple au précepte, qu'il fait du Coq et de la basse-cour une peinture, qui peut, je crois, entrer en parallèle avec d'autres peintures justement célèbres ; voici celle de notre collègue (17) :

Mais voyez s'avancer, sortant de la chaumière,
Un panier à la main, la prudente fermière.
Voyez l'orge à grands flots jaillissant sous ses doigts,
Et ce monde affamé s'empressant à sa voix.
Quels élans ! tout accourt, vole, se précipite ;
J'apperçois même entr'eux le moineau parasite ;
Qui, des saules voisins, plantés exprès pour lui,
Vient s'asseoir hardiment à la table d'autrui.
Quels gloussemens ! quels cris ! On s'affronte, on se pousse ;
L'impatiente faim pour un grain se courrouce ;
Plus d'un coup est porté, plus d'un bec est sanglant ;
Plus d'un convive fuit, et revient plus ardent.
Voyez, Roi du banquet, levant sa tête altière,
A la crête de pourpre, à la demarche fière,

Ce Sultan, de son bec laissant tomber vingt fois
Le grain, qu'il distribue, et répand à son choix.
De quel œil, caressant tant d'Hélènes fidelles,
Il va, revient, jouit, s'applaudit de ses ailes !
Quel port ! Né pour régner par la guerre et l'amour,
Mars, Vénus de leurs feux l'enivrent tour-à-tour ;
Et sa brillante voix, trompette de l'aurore,
D'heure en heure l'annonce au sérail qui l'adore.

J'excèderois les bornes que je dois me prescrire, si je voulois citer, en les appréciant, tous
les nombreux manuscrits de LEBLANC, et sur-tout
ses compositions dramatiques ; car un attrait
particulier le rappella toujours à ce genre. Mais
qui ne sait combien l'optique théâtrale est néces-
saire pour juger les effets de la scène, et que le
goût ne devine pas toujours les jugemens du public assemblé, dont les conseils ont souvent ins-
truit le génie même (18) ?

Privé de ce guide, notre collègue fit imprimer,
en 1786, une tragédie de VIRGINIE. Il vouloit
prouver qu'il avoit, en même tems que l'auteur
de *Warvick* et de *Mélanie*, traité ce sujet ;
mais en l'envisageant sous un aspect différent. En
effet, sans prétendre comparer le style et les détails, on peut dire que LEBLANC a pris une

marche plus simple. Il n'a point surchargé d'un intérêt politique la peinture si intéressante de la candeur et de l'innocence, se débattant contre la débauche furieuse et l'ambition forcenée; de plus, il a osé transporter, avec quelque succès, dans cette pièce, la situation la plus frappante de cette *Clarisse*, si différente de nos héroïnes actuelles de Roman; puisqu'on revient toujours vers elle avec un nouvel intérêt, et qu'on ne la quitte jamais sans cette douce mélancolie, la volupté des ames tendres.

A l'époque où un de ces écrits, faits pour produire ou cimenter les Révolutions, l'écrit: *Qu'est-ce que le Tiers-État?* a révélé au peuple Français son importance; l'auteur des Druïdes crut aussi devoir payer son tribut civique en publiant un Drame intitulé LE CLERGÉ DÉVOILÉ, ou *les États-Généraux* de 1?03. Mais quelle est la tragédie de Sénèque, qui pourroit l'emporter sur un chapitre de Tacite? Cependant le Sénèque Français avoit mis éloquemment la nature aux prises avec l'orgueil, la raison avec les pré-jugés; il avoit placé sous un jour véritable, c'est-à-dire, fortement odieux, l'orgueil de ces deux castes usurpatrices, unies pour désoler la terre; enfin, il avoit peint avec des couleurs, alors nouvelles au théâtre, l'excommunication lancée par le

2

cardinal, Légat de Boniface VIII, contre Philippe-le-Bel. C'est une femme qui en fait le récit en ces termes :

Aux lugubres accens, qui nous ont tant troublées,
Aux cris tumultueux, aux clameurs redoublées
De la foule orageuse, et toute à son effroi,
A votre voix enfin, j'ai couru malgré moi.
Qu'ai-je vu ? quel tumulte ! un grand peuple en allarmes,
Des femmes, des enfans, les yeux noyés de larmes,
Vers le temple sacré précipitoient leurs pas.
J'interroge ; on m'entraîne, on ne me répond pas.
Le portique est ouvert ; quelques flambeaux funèbres
Des voiles de la mort effaçoient les ténèbres.
On entre ; et, de ces flots tout-à-coup investi,
Le parvis a tremblé, la voûte a retenti ;
Tout retombe soudain dans un morne silence.

Brillant d'or et de pourpre, un fier prélat s'avance,
Il marche vers la chaire, où, dans sa majesté,
Aux cœurs devroit toujours parler la vérité ;
Et d'où souvent, hélas ! indignement parjure,
Pour surprendre le foible, a tonné l'imposture.
Un prêtre avec respect lui présente un flambeau,
Un vase.... Quel est donc cet appareil nouveau ?
Il lés saisit, il monte, et, d'une voix tonnante,
Porte ainsi dans les cœurs l'horreur et l'épouvante :

« Peuple ! le ciel enfin daigne affranchir ta foi

» D'un Tyran abhorré, l'ennemi de sa loi.

» Écoute la vengeance, écoute l'anathême

» Qu'en sa juste colère il a dictés lui-même ».

A ces mots déployant le décret oppresseur,

Qui dégrade Philippe, au nom d'un Dieu vengeur,

Il le lit ; il ajoute, enivré de furie :

« Retranché, pour jamais, du livre de la vie,

» Maudit, déchu du droit d'approcher des autels,

» Roi, la honte du monde, et l'horreur des mortels,

» Sans espérer des Saints l'éternel héritage,

» Tombe, et meurs dans l'opprobre, en frémissant de rage :

» Comme expire et frémit, dans le sein de cette eau,

» Trop long-tems allumé, cet indigne flambeau ;

» Que ton sang soit versé, comme cette onde impure ;

» Que des chiens affamés devenu la pâture,

» Ton corps, entre leurs dents, disparoisse brisé,

» Comme ce vase impie, à mes pieds écrasé ».

Il dit ; et, l'œil en feu, d'une main forcenée,

Lançant la cire éteinte, et l'urne profanée,

Il les brise ; il les foule ; il les maudit encor.

Je vois, à leur fureur donnant un même essor,

Les Prélats rejetter leurs torches enflammées ;

Invoquer des enfers les puissances armées ;

Leur dévouer Philippe ; et sur lui, sur les siens,

Ses amis, s'il en est, ses fidèles soutiens,

Appeller, à grands cris, ces noirs vengeurs du crime :
Le peuple croit les voir élancés de l'abîme.
Dans un trouble profond palpitant, oppressé,
Tout cœur est suspendu ; tout regard est glacé ;
Toute bouche est muette ; et la foule éperdue,
Le front dans la poussière, y reste confondue.

Dans les airs cependant, pour redoubler l'horreur,
Résonne encor l'airain, l'airain de la terreur ;
On interdit au ciel les plus justes hommages ;
De nos mystères saints on voile les images ;
Les flambeaux sont éteints ; les autels dépouillés ;
Leurs ornemens pompeux honteusement souillés ;
A peine, avec effort, au travers des ténèbres
Percent des cris plaintifs, des hurlemens funèbres,
Des sanglots, conjurant l'Ange exterminateur,
Qui sur nous fait planer son glaive et sa fureur.

Ce tableau, qui n'est que trop fidèle, LEBLANC depuis osa le mettre en action, dans une tragédie manuscrite intitulée : RAIMOND VI, ou *les Albigeois*. Il fit plus : il vouloit présenter sur la scène le Comte de Toulouse, souverain alors légitime, non-seulement dégradé au milieu du Temple, mais dépouillé de ses armes et de ses vêtemens, battu de verges, et empoisonné dans une hostie : hardiesse sur laquelle l'effet de la représentation pourroit seul permettre de prononcer.

On se doute bien que dans un pareil sujet, l'auteur n'a pas manqué d'employer cette réponse fameuse, et que l'histoire a consacrée, de l'abbé de Citeaux, ARMAND, Légat d'Innocent III. On lui annonce que les Albigeois désespérés, se sont réfugiés dans une tour, et refusent de se rendre.

BEAUMONT.

Faudra-t-il par le fer réprimer leur audace ?
Et sans égard pour l'âge, ou le sexe, ou le rang,
A tant de sang versé, ajouter tant de sang ?
Voilà l'effroi secret dont notre ame est surprise.

ARMAND.

Eh ! qu'importe un sang vil, qui trahiroit l'Église ?
Il est dû tout entier à vos bras destructeurs.
Allez, de l'Hérésie heureux triomphateurs,
Que le feu dévorant, que le fer en efface
Et le plus foible germe, et la dernière trace.
Dieu parle : c'est assez.

BEAUMONT.

        Dans le désordre affreux
Où sont en cette Tour entrés ces malheureux,

Plus d'un Croisé peut-être , ardent à leur poursuite ,
Surpris, s'est vu tantôt entraîné dans leur fuite.
Ne pourroit-on sauver ces fidèles chrétiens ?

ARMAND.

Que tout périsse ! Allez. *Dieu choisira les siens.*

La préférence donnée par LEBLANC à ces sujets , indique assez quel fut le fonds de son caractère. Un amour ardent de l'humanité, de la vertu ; une haine profonde pour le fanatisme et la superstition, qui aveuglent ; pour le despotisme et l'anarchie, qui dégradent. Ce furent ces sentimens, autant que le désir d'une rivalité difficile, qui l'engagèrent à tenter, dans un âge avancé, un ouvrage que Voltaire avoit essayé dans un âge trop tendre : un Poëme épique sur la Ligue. Le courage, ou, si l'on veut, l'audace de cette entreprise, étonneroit peut-être davantage (18), si je détaillois l'immensité des études en histoire, en politique, en littérature par lesquels l'auteur s'étoit préparé à ce grand œuvre. Il suffira, pour sa gloire, d'annoncer que le plan de cette épopée , dont la moitié est déjà remplie, présente un merveilleux imposant, une marche vraiment dramatique et le principe d'un intérêt général ; car cette époque du seizième siècle y est représentée comme le prélude de l'époque actuelle du dix-neuvième, où l'impulsion donnée aux esprits aura l'effet inévitable de changer tôt ou tard le système économique et religieux de l'Europe. Tant, dit le poète, dans son invocation :

Tant il en a coûté pour conquérir nos droits
Sur la fourbe du Prêtre, et l'audace des Rois !

Tout en dirigeant ces redoutables batteries contre ces fléaux de la société, notre infatigable collègue, en attaquoit encore les vices et les préjugés avec une arme plus légère et plus difficile à manier : l'arme du ridicule. Il avoit commencé un poëme héroï-comique, intitulé *Zamés*. C'est le nom d'un Génie, auquel, un beau jour, il prend fantaisie de savoir ce que c'est que le bonheur, et ce qu'on en pense dans les autres sphères. Le voilà donc qui voyage de monde en monde, conduit par une jeune fée, la *Curiosité*, fille bâtarde de la Philosophie. Comme on s'en doute bien, il arrive à notre héros une foule d'aventures singulières et plaisantes, qui sont tracées avec cette gaîté philo-sophique, enluminées avec ces couleurs fraîches et même un peu libres, qu'ont employées le chantre d'Angélique, et celui de Jeanne d'Arc. Aussi me garderai-je bien d'en présenter même le croquis. Je craindrois d'être traité comme le pauvre *Zamès*, à son arrivée sur notre globe, où un Bramine charitable ne manqua pas de le prendre d'abord pour un envoyé du diable.

Ainsi chacun, et sur-tout le cagot,
Croit voir le diable, où n'est point sa folie ;
Parler raison, c'est sentir le fagot.
Dieu le bénisse, et le réconcilie
Avec bon sens. *Zamès* n'étoit si sot.
S'il eût connu les enfers et les diables ;
Si de ce monde il avoit su les fables,
Le pauvre moine eût mal passé son tems ;
Il eût payé ces discours offensans,
Dont pour un rien, pour un vain badinage,
Dans ces bas-lieux, on régale le Sage.
Heureux alors, heureux, si, pour son bien,
Comme *Zamès*, il n'y comprenoit rien !

Honneur donc à LEBLANC, et à tous ceux qui, comme lui, Républicains avant la révolution, n'ont point reculé devant leur raison, lorsqu'elle est devenue la raison publique. Mais malheur à ces prétendus Sages, qui, ne trouvant dans la Philosophie qu'un droit de fronder, ou un secret de faire pensionner leur silence, ont abjuré leurs principes, dès qu'ils n'ont plus été un moyen de singularité ou de fortune! Opprobre à ces intrigans plus coupables, qui, traitant le Peuple comme ils avoient traité les Grands, ont exalté ses excès, pour obtenir ses faveurs; puis, honteux de leur nullité, se sont enrôlés sous les drapeaux qu'ils avoient combattus, se chargeant ainsi d'un double déshonneur.

Bien éloigné de cette bassesse, LEBLANC eut le noble orgueil de refuser les présens de la Cour. Un Intendant des finances, qui se crut un Colbert, parce qu'il avoit la prétention de l'être, avoit voulu en 1788 pensionner, ou plutôt acheter les gens de lettres; on lui désigna l'auteur des Druïdes. Mais il falloit faire une visite, c'est-à-dire, aller d'avance protester de sa bassesse : LEBLANC s'y refuse. On ne lui en adresse pas moins, ou comme appât, ou comme reproche, une gratification de 600 francs. — *Que faire ?* dit LEBLANC à son épouse, en lui apprenant cette nouvelle. — *Renvoyer cet argent , car nous savons vivre de peu,* répondit-elle. — *C'est le parti que j'ai déjà pris,* ajouta le Philosophe, qui craignoit plus de contrarier son épouse, que sa majesté. Cependant, ce même Philosophe se vit avec plaisir placé sur la liste que la Convention dressa pour des gratifications en papier-monnoie; c'est qu'il savoit distinguer la récompense nationale qui honore, de la solde royale qui humilie.

Comment ce bienfait n'eût-il pas été cher à son cœur ? il lui avoit été ménagé par l'amitié. Et dans le nombre des autres services qu'elle lui rendit, puis-je omettre celui par lequel il devint notre collègue ?

Leblanc remplissoit la place gratuite de jury des Écoles primaires, avec ce zèle de la vertu, qui n'a pas même besoin de la renommée. Un des membres du jury central, qui avoit perdu de vue l'auteur des Druïdes, depuis la révolution, apprend qu'il est dans l'indigence ; il s'informe adroitement s'il accepteroit une chaire aux Écoles centrales ; il l'y fait nommer à son insu : par une attention plus délicate, il lui fait annoncer cette nouvelle par un de ses amis intimes, et se dérobe lui-même le prix de son action, en se sauvant à la campagne. Mais il est sous vos yeux, Citoyens, ce Philosophe, qui, en calculant ainsi la bienfaisance, se montroit digne de calculer le système des mondes (*). Ah ! payons-lui, au nom de l'ami, qui n'est plus, le tribut auquel sa modestie lui donne de nouveaux droits ;

(*) Le citoyen Laplace, membre de l'Institut.

et ne séparons pas dans notre reconnoissance son illustre collègue de gloire et de bienfaisance (*), lui qui, avec cette simplicité, cette candeur du génie, répondoit aux remercîmens de LEBLANC : *Citoyen, mais ce n'est pas vous, ce sont les Écoles Centrales à qui nous avons cru rendre service.*

Ces suffrages des premiers hommes de son siècle furent pour lui le prélude d'une autre distinction également flatteuse ; elle n'avoit point été provoquée ; elle fut applaudie ; l'on sut gré à l'Institut, d'avoir accueilli dans sa vieillesse l'auteur des Druïdes, pour le venger des persécutions du fanatisme. Ainsi l'on aime quelquefois à réparer les injustices des autres ; et l'équité devient à la mode, du moins pour quelque tems, mais sans jamais tirer à conséquence.

Suivons notre philosophe rentré dans la carrière de l'enseignement ; y retrouvera-t-il ses premiers goûts et son premier zèle ? Par un effort plus grand encore à son âge, il renonce à son ancienne manière, à cette routine, dont le sacrifice est plus rare que celui des opinions. Il essaie la méthode de Dumarsais, qui n'est que celle

____

(*) Le citoyen LAGRANGE, membre de l'Institut.

de la raison (20); et s'il n'y ajoute pas tous les développemens, qui en sont la conséquence, il y supplée par ce zèle de courage et de patience, auquel rien ne peut suppléer. Attaché à une École, dont les murs rappellent tant de noms fameux dans les fastes de l'instruction, il semble y avoir recueilli tous leurs talens, mais sans leurs défauts; tout leur esprit, mais sans leurs préjugés; tel est l'attachement, le respect filial que lui portent ses élèves, qu'ils ne s'apperçoivent pas même de cette surdité, dont l'espiéglerie sans pitié de la jeunesse, sait tirer ailleurs un parti si cruel. Et comment ne pas révérer un vieillard; comment ne pas chérir un ami, ou plutôt un père, qui voit, dans chacun de ses élèves, les enfans que la nature lui a refusés; qui oublie au milieu d'eux les heures, ses infirmités, ses travaux, ses repas même; qui chaque jour vient d'une demeure éloignée, malgré l'intempérie des saisons, leur communiquer les fruits de ses veilles et de son expérience; qui, reconduit chaque chaque jour par ses disciples, ne pouvant se résoudre à s'en séparer, les retient encore pour les faire travailler sous ses yeux? dévouement bien rare, lorsqu'on a goûté de plus brillans succès! sacrifice bien méritoire, puisqu'il se renouvelle tous les jours, et qu'il n'est point payé par la renommée. Que dis-je? son salaire pour

Leblanc fut la mort. Cette fatigue dans les rigueurs d'un long hiver lui causa une maladie de poitrine, qui bientôt le força de renoncer à ses travaux classiques; et ce fut la plus sensible de ses douleurs.

Livré aux ennuis d'une maladie longue et cruelle, il déploie ce courage tranquille, qui brave la mort en détail, et vaut peut-être celui qui la brave ou la reçoit d'un seul coup. Pour suspendre ses douleurs, il relit chaque jour un volume de Voltaire, de ce génie supérieur, qu'il s'étoit toujours proposé pour modèle, je dirois presque pour rival. Il semble, avant de mourir, vouloir, comme le Gladiateur expirant, se consoler de sa chûte, en se rendant compte de tous les avantages de son vainqueur. Électrisés par cette lecture, ses entretiens avoient ce charme de philosophie et de sensibilité, qui rappelloient Socrate à son lit de mort. Il les égayeoit encore par une foule d'anecdotes, qu'il savoit conter avec une naïveté plus piquante que la finesse. Une seule fois il prit un ton différent. On lui annonçoit les premiers succès de ces Russes, jadis si vantés par nos littérateurs, nos philosophes et nos indépendans; et qui venoient noyer dans notre sang les lettres, la philosophie et l'indépendance. Le narrateur n'admettoit ni les mœurs cruelles, ni les intentions dévastatrices de ces ennemis. L E B L A N C se lève sur son séant, et improvise avec force des imprécations contre les hordes de ce qu'il appelle *les SAUVAGES de l'Europe*. Elles ont été sans doute entendues, puisque nous avons vu l'orgueil de ces barbares, captif et humilié dans ce même Paris, dont le pillage avoit été promis à leurs féroces espérances.

Ce qui paroissoit retenir encore l'ame de LEBLANC, près de fuir, c'étoient les soins touchans de son épouse, qu'il appelloit LA MERE AUX INQUIÉ-TUDES. —— *Je n'ai plus assez de forces*, disoit-il à ses amis, *pour vous peindre tout le courage de cette femme; ses dépenses pour moi épuiseront ses ressources, sans me sauver* (21). En effet le zèle et la sensibilité ne peuvent commander à la nature. Notre collègue touche à ses derniers momens. Il saisit un prétexte pour éloigner un instant cette garde si attentive. *Promettez-moi*, dit-il, avec autant de courage que d'attendrissement, à ceux qui l'entourent, *promettez-moi de ne pas abandonner cette infortunée, et d'aller pour elle à la Municipalité.* Quelques heures après il expira (le 14 Messidor, an 7) en se rappellant ces vers, qu'il avoit plu-

sieurs

sieurs fois cités pendant sa maladie :

Les animaux courbés, que la terre a vu naître,
Marchent d'un pas égal vers le terme de l'être.
La Nature, en leur sein, déployant ses ressorts,
S'anime, se dissout, renaît de corps en corps.
Un flot en un instant, sur l'Océan du monde,
Les jette dans la vie, ou dans la nuit profonde.
Mais seul, par la pensée embrassant l'Univers,
Législateur et roi de ses hôtes divers,
L'homme, à ses grands destins voit la mort asservie.
En vain ce souffle actif, ce principe de vie,
Étincelle échappée aux feux de l'Eternel,
Est esclave un instant d'un corps vil et mortel ;
Quand la main du trépas semble arrêter sa course,
Il va, libre et vainqueur, se rejoindre à sa source.

LEBLANC avoit eu la douleur de survivre à des
amis célèbres, aux Truden, aux Dionis-du-Séjour,
aux Malsherbes : il a eu la gloire d'être pleuré par
d'autres amis non moins célèbres. Un magistrat
savant (*), en le saluant du dernier adieu, a fait
entendre sur sa fosse une voix connue à la tribune
et dans nos lycées ; un poète républicain a couvert

____

(*) Le citoyen COUSIN, membre de l'Institut, et
alors Président du Conseil des Anciens.

(50)

son urne de ces fleurs légères, dont il avoit jadis couronné l'urne de Dorat et Fontenelle (*). La société libre des sciences et arts a partagé et applaudi la douleur de la veuve, qui s'est exhalée dans une lettre empreinte de larmes, et d'un juste orgueil pour la gloire de son époux.

O digne compagne d'un homme vertueux! toi qui ne connoissois pas de plus beau titre que son nom! toi qui fis pendant trente années son bonheur, et n'as vu s'évanouir le tien qu'en le perdant! toi qui, dans l'illusion d'une ame tendre, ne pouvant te persuader que l'objet de tes chastes affections eût cessé de vivre, quarante-huit heures après sa mort, lui prodiguois des soins, appellois les secours de l'art, et voulois disputer à la tombe un corps glacé, qu'il fallut arracher de tes bras; je ne te dirai point : renonce à ta douleur; non, elle est ton existence. Mais entends ce concert de regrets et d'éloges, qui se mêle à tes gémissemens. Rassemble toutes tes forces pour recueillir l'ame de celui qui te fut cher, et fixer sa mémoire, comme tu as déjà fixé ses traits. Au défaut de sa personne, embrasse au moins cette double image, qui seule peut tromper ton désespoir. C'est lui-même qui

____

(*) Le citoyen CUBIÈRES, membre de plusieurs Sociétés littéraires.

t'en conjure du sein de ce monde meilleur, où sa tendresse t'a précédée; c'est lui, qui, blâmant ce défaut de courage, dont il ne t'a pas donné l'exemple, t'adresse ces vœux, qu'il forme, dans sa Henriade, pour une veuve également inconsolable:

. . . Puisse bientôt de ce cœur déchiré,
Aux plus profonds ennuis si justement livré,
Et le ciel, et le tems étouffer le murmure!
Puisse leur charme heureux en fermer la blessure;
Ou n'y laisser du moins que ce doux souvenir
Dont une ame sensible aime à s'entretenir!

J'ai raconté la vie d'un instituteur, qui a su joindre l'amour des Letttres à celui de la Patrie; le mépris des intrigues à celui des richesses; enfin la passion de la gloire à celle de l'humanité. Je n'ai point déguisé ses foiblesses; il m'a paru assez grand pour n'en point craindre l'aveu. Maintenant, Citoyens, j'interroge vos consciences, ou plutôt votre sensibilité. Qui pourra blâmer nos pieux regrets ? Qui pourra condamner des honneurs tardifs, indifférens à l'envie même , et achetés par soixante ans de travaux utiles, de vertus modestes et d'honorables persécutions ? Ah ! levons le voile qui couvre les traits de LEBLANC ; ils n'ont à rougir ni de ce que j'ai raconté de sa conduite , ni de l'hommage qui doit en être le prix.

Sans doute c'étoit à toi d'en provoquer la justice, toi, son ancien ami, son digne collègue, ô panégyriste de DALEMBERT (*) ; c'étoit à la plume énergique et sensible, qui a si bien caractérisé le fondateur de l'Encyclopédie, d'apprécier un talent et une ame, dont l'intimité t'a révélé tous les secrets. C'est ainsi qu'à une époque trop semblable à celle où nous sommes, après avoir célébré le vertueux L'HOPITAL, l'ingénieux SAINTE-MARTHE trouva des expressions plus touchantes encore pour consacrer la mémoire du VARRON français (**) ; et ce monument du savoir et de l'amitié, élevé au

____

(*) Le citoyen DUMAS, Professeur à l'École des Quatre-Nations, et auteur de l'éloge de d'*Alembert*.

(**) Pierre PITHOU, l'un des plus savans hommes de son siècle.

milieu des ruines accumulées par le fanatisme et la guerre civile, repose doucement l'imagination fatiguée des crimes et des proscriptions de ces tems malheureux. Mais si ta délicatesse t'a fait craindre l'exagération du sentiment et de la douleur, en interprétant les regrets de tes collègues; au moins cède à leur désir, en devenant l'organe de leur reconnoissance. Viens poser sur un front chéri la couronne, que chacun de nous lui décerne par ta main. Peut-être une larme de l'amitié tombera sur ces fleurs; elle sera pour LEBLANC le plus digne et le plus touchant des éloges.

N O T E S.

———◄ o ►———

(1) Le véritable nom de notre auteur étoit Blanc. Comme on s'obstinoit à y ajouter l'article, il crut devoir y surajouter cette dénomination DE Guillet, qu'il tenoit de sa mère. Ce ne fut donc point vanité, mais crainte de se voir confondre avec quelques littérateurs du même nom, et sur-tout avec un certain abbé Leblanc, connu par la dureté de ses vers et de son caractère. C'est en faisant allusion à cette double aspérité, que *Piron* disoit de cet abbé, qui logeoit au-dessus d'un maréchal : *Son adresse est chez son cordonnier.*

(2) Les corporations religieuses préparoient à l'enseignement par une ou deux années d'études ascétiques et théologiques ; c'est-à-dire, que pour apprendre à former le goût et l'intelligence, on commençoit par fausser l'un et l'autre. Leblanc, dès l'âge de 14 ans, eut l'esprit de ne rien comprendre à tout cela ; aussi, au lieu de méditer, s'amusoit-il à laisser tomber son bonnet quarré de sa fenêtre dans le jardin ; puis de descendre bien vîte les escaliers, pour le ramasser. C'est ainsi qu'il parvenoit à se procurer un

•xercice, qui n'est un plaisir à cet âge, que parce qu'il est un besoin.

(3) LEBLANC a marqué son premier et son dernier pas dans la Littérature par deux ouvrages latins ; le premier, une ode sur le rétablissement de la bibliothèque publique de St.-Victor ; l'autre, une pièce de vers sur la translation des cendres du Victorain *Santeuil*, dans une des Écoles centrales de Paris. Parmi ses manuscrits se trouvent plusieurs discours écrits en style Cicéronien, tous sur des objets philosophiques ; tels que ceux-ci : *Les demi-connoissances sont-elles plus dangereuses dans les arts et les lettres, que dans la morale ?—Est-il plus facile de triompher de ses passions, que de ses préjugés ?* Il avoit encore, à cette époque, composé quelques Drames de collége, qui furent par la suite le germe de ses meilleures tragédies. Ainsi il refit ses *Mexicains* sous le nom de *Manco-Capac* ; ses *Prêtres Egyptiens*, sous celui des *Druïdes* ; son *Retour d'Ulysse*, sous le titre de *Pénélope* : tant on revient, avec plaisir, et souvent avec avantage, à ses premières idées !

(4) LEBLANC est l'auteur des *Mémoires du Comte de Guines*, roman d'amour, qui n'est pas sans intérêt. Il a coopéré avec *Bruys* et *Séguiran* au CONSERVATEUR, Journal intéressant, sur-tout à cette époque,

par les articles de goût et d'imagination, dont notre auteur étoit chargé.

(5) Il est des rapports généraux qui unissent l'homme à l'homme, indépendamment de toute institution; il y a des vices cachés dans les meilleures sociétés, sur lesquels les lois n'ont point de prise; il y a des erreurs destructives de l'humanité; et la tragédie peut, en attaquant ces vices et ces erreurs, en mettant ces rapports en action, avoir dans tous les pays un but moral, qui lui donne une utilité plus générale et plus durable que celle de la tragédie grecque. C'est sous cet aspect que M. LEBLANC a envisagé la tragédie dans *Manco*. Il a mis en opposition la liberté naturelle et la contrainte des lois, pour faire sentir les dangers de l'une, et la nécessité des autres, pour le bonheur du genre humain; idée grande, et peut-être la plus utile qu'on ait jamais présentée aux hommes». CONDORCET, *Journal Encyclopédique, tome IV, première partie.*

(6) D'après l'époque et la circonstance où se trouvoit LEBLANC, on pourroit croire son impromptu plus louangeur qu'il ne le fût réellement; le voici :

J'ai peint un Roi juste et clément,
Digne par ses vertus d'une gloire immortelle;
    Pouvois-je le peindre autrement ?
    J'avois mon prince pour modèle.

Leblanc à composé, dans ce genre, un grand nombre de poésies fugitives, qu'il a su renfermer dans le cercle des sociétés auxquelles il les destinoit. Presque toutes ont un ton sentimental et philosophique, et quelques-unes, la légèreté badine, qui est le charme de ces sortes de compositions. Entre ces dernières, je citerai des vers à un particulier, qui, à la campagne, avoit tenu un enfant sur les fonts, et fut soupçonné d'avoir porté au baptême un intérêt plus vif que celui d'un parrain :

A' vous Patriarche des ris,
Fléau des sots et des maris ;
A vous, qui dépeuplez Cythère
De tous ses dieux, qui, pour vous plaire,
Ont fixé leur Cour à Paris.

Je vous soupçonnai d'être père
D'un enfant, qu'on faisoit chrétien ;
Ce soupçon, je le sais trop bien,
Étoit faux, mais non téméraire.
Quand on a galant entretien,
Saillie agréable et légère,
Ton pressant, folâtre maintien ;
Bons-mots piquans, voix minaudière ;
Et que dans l'antre du mystère,
Par les nœuds d'amour on retient

Frétillante ou simple bergère,
L'instant séduit, l'appétit vient;
On se prête à faire un chrétien,
Quoiqu'alors on ne le soit guère.

Vous soupçonner d'avoir su plaire
N'étoit si grand péché, je croi.
Combien l'ont pu faire avant moi;
Combien encor peuvent le faire?
Si vous en êtes irrité,
C'est le moyen, en vérité,
De rompre avec toute la terre.
Mais elle y perdroit trop, ma foi:
Et, dans mon erreur excusable,
Je ne suis pas assez coupable,
Pour que vous commenciez par moi.

(7) La première représentation des Druïdes devoit être, et fut réellement orageuse. La salle s'étoit trouvée remplie, avant que les billets destinés au public, fussent distribués; en revenant du spectacle, l'auteur entendit deux particuliers, qui marchoient devant lui, se dire: *C'en est fait; il ne s'en relevera pas. Il faut avouer aussi que nous avons bien gagné notre argent. Quand c'eût été* VOLTAIRE, *nous n'aurions pas mieux sifflé.* Cependant on redonne les Druïdes; mais, un instant avant l'ouverture du spectacle, on change

tous les postes; et la pièce est accueillie avec des applaudissemens, qui augmentèrent à chaque représentation, jusqu'à la douzième. La pièce alors fut suspendue par des ordres appellés SUPÉRIEURS, quoique souvent ils partissent de bien bas.

(8) Cette lettre fut montrée par un commis de la police à M. Truden, son protecteur, auquel il ne pouvoit rien refuser. Dans le même tems, un de ces hommes qu'on pourroit, au besoin, selon l'idée de Thomas, *opposer à leur siècle*, Malsherbes écrivoit à LEBLANC, après avoir lu les *Druïdes* et *Manco :* « Si tous les auteurs dramatiques écrivoient dans le même genre, on auroit bien raison de dire que le théâtre est l'école des mœurs, et que la tragédie sur-tout est celle des rois et des hommes d'état. Mais comme ces gens-là n'ont pas toujours le tems de lire, je voudrois qu'à l'imitation de la politique de Bossuet, on fît pour leur usage un petit bréviaire, qui seroit intitulé : *Politique tirée des vers de Corneille, de M. Leblanc,* et d'un très-petit nombre d'autres poètes ».

(9) On peut consulter sur cette anecdote les Nouvelles Ecclésiastiques du 4 Juin, et 20 Août 1772. En général il est curieux de relire les journaux, quelques années après leur date. Les jugemens sur les hommes et les choses ont un piquant, dont leurs auteurs ne se doutoient guères, en les écrivant. Il est assez singulier maintenant, pour nous borner à LEBLANC, de voir comment les journaux Philosophiques d'alors s'efforcent de prouver, que les personnes pieuses ne doivent point s'allarmer des Druïdes ; que cette pièce honore la religion, en dévoilant les abus des cultes erronés, et en prêchant la morale la plus conforme à celle de l'évangile ; tandis que les journaux Ecclésiastiques répètent, que cette tragédie, sous le nom des fausses Religions, en veut à la véritable ; qu'elle l'outrage plus perfidement, en empruntant sa morale et ses expressions ; enfin qu'on ne peut douter de ses intentions criminelles, d'après l'intérêt que prennent à son succès les Économistes et les Géomètres.

(10) LEBLANC a laissé dans son porte-feuille une autre comédie, écrite et intriguée avec plus de soin : LE PHILOSOPHE *à l'épreuve.* Il l'avoit composée en 1764 ; elle est également en vers de dix syllabes. Ce mètre a tant de souplesse et de facilité, qu'il devroit être consacré à la Comédie et aux Poèmes badins, comme l'alexandrin l'est à la tragédie et à l'épopée, si Molière n'avoit pas écrit en vers de douze syllabes.

(11) Les lettres, comme les habillemens, ont aussi leurs modes ; et elles se rapprochent plus qu'on ne pense. Seroit-ce parce qu'elles ont entr'elles le même rapport qui se trouve entre nos manières de penser et d'agir ? Quoi qu'il en soit, sans nous livrer à des recherches, qui ne sont plus de mode, quel aspect présentent les costumes et la littérature sous Louis XIV ? D'un côté, un air de grandeur et même d'emphase : des habits galonnés, surchargés de rubans, des souliers carrés à talons hauts, des plumets et de vastes perruques ; de l'autre, force poëmes épiques, des tragédies politiques et galantes, des romans à grandes aventures et à longues harangues. Sous la Régence, plus d'aisance et de recherche : des habits ronds et brodés, des nœuds d'épaule à paillettes, une double tresse et des vestes déboutonnées ; en même tems du Marivaudage, des Romans libertins, des épigrammes, et des vaudevilles. Sous Louis XV, la mode prend un caractère plus triste : des habits noirs, des perruques à marteaux ou à larges bourses, de lourds paniers, de grands falbalas ; et alors les Romans sombres et philosophiques, les odes, les drames, et l'Anglomanie. Sous Louis XVI, tout devient roide et rétréci : des habits courts et dégagés, de petits chapeaux, de longues queues, des boucles à l'œil, des souliers pointus et décolletés ; et simultanément, des dissertations économiques, des poëmes dictatiques, du Germanisme et du persifflage ; enfin de nos jours... Mais

Le tems présent est l'arche du Seigneur. VOLT.

(12) Cet ami fut Dionis-du-Séjour. En lui dédiant son ouvrage, l'auteur ne lui donne que le titre d'Académicien, parce que c'étoit au Savant son ami, et non au Magistrat protecteur, qu'il rendoit hommage. Cette épitre dédicatoire est en vers, et finit par ces vœux touchans :

Oh! si du Tems jaloux je pouvois triompher,
Mon nom suivroit le tien, qu'il ne peut étouffer!
Nos neveux, quelquefois, diroient de moi peut-être :
« Il fut aimé d'un sage; il mérita de l'être ».
Ah! si c'est m'enivrer d'un espoir trop flatteur,
Qu'on le dise un seul jour, c'est assez pour mon cœur.

(13) Pour avoir au moins quelqu'avantage sur son rival, Leblanc a joint à la traduction des Géorgiques, celle des Bucoliques. C'est dans ces premières poésies de Virgile qu'on trouve peut-être le plus de ce *molle atque facetum*, qui caractérise les Muses champêtres. Aussi deux poètes distingués, Gresset et Léonard, l'un dans ses imitations brillantes, l'autre dans ses arides traductions, n'ont rendu que bien imparfaitement les graces de l'original. Le troisième interprète paroît s'être sur-tout proposé de conserver la simplicité du trait antique, dont notre langue offre si peu de modèles.

(14) Je ne cite point les mêmes morceaux traduits

par *Delille* ; ses vers sont dans les mains et dans la mémoire de tout le monde. Mon intention d'ailleurs n'a point été d'établir une comparaison rigoureuse, et toujours injuste, en fait de traductions, lorsqu'elle n'embrasse pas l'ensemble de l'ouvrage. Je ne crois donc point avoir contredit l'hommage, que j'ai rendu jadis au premier traducteur, en lui adressant ces vers, lorsqu'il parut aux Écoles Normales, en l'an 3.

Lorsque chez les Romains, vainqueurs de l'univers,
Le modeste VIRGILE arrivoit au théâtre,
Applaudi, contemplé d'une foule idolâtre,
   Il recueilloit le prix de ses beaux vers.
O toi, qui de sa lyre as conquis l'héritage,
Jadis son interprête, aujourd'hui son rival,
    Nous t'offrons un tribut égal,
Et, debout devant toi, par notre juste hommage,
A la Postérité nous donnons le signal.

(15) C'est à ce goût pour Cicéron que nous devons la traduction (encore manuscrite) d'un des plus précieux monumens de la philosophie ancienne, *les* ACADÉMIQUES : ouvrage que Cicéron préféroit à toutes ses compositions. L'intelligence en est devenue trés-difficile, même avec le commentaire de *Valentia,* qui a bien pu suppléer, mais non remplacer ce que nous avons perdu du texte original. Avant la Révolution

lution nous n'avions point en France de copie de ce traité, quoiqu'une traduction française en eût été publiée à Londres, en 1740, par Durand; et qu'une autre eût été imprimée à Berlin, quelques années après, par Castillon.

(16) Sans prétendre assigner les rangs, je vais essayer le parallèle que j'indique. Afin qu'on puisse suivre la trace des emprunts, je citerai chaque morceau suivant l'ordre des dates. Le premier est de Colardeau, dans son épître à Duhamel, publiée en 1774.

Nous verrons dans ta cour, le Coq fier et superbe,
Pour y chercher le grain, éparpiller la gerbe;
Appeller aigrement son sérail asssoupi,
Entre mille beautés partager un épi;
Et d'un bec amoureux distribuer entr'elles
Des baisers, qui jamais n'ont trouvé de cruelles.

Après cette esquisse, Rosset fit une peinture, ou plutôt une description de cet oiseau dans ces vers de son poëme sur *l'Agriculture*, imprimé en 1777.

Que le Coq, de ses sœurs et l'époux et le roi,
Toujours marche à leur tête, et leur donne la loi.
Il peut dix ans entiers les aimer, les conduire;
Il est né pour l'amour; il est né pour l'empire.

En amour, en fierté le Coq n'a point d'égal.

Une crête de pourpre orne son front royal ;

Son œil noir lance au loin de vives étincelles ;

Un plumage éclatant peint son corps et ses aîles ,

Dore son cou superbe , et flotte en longs cheveux ;

De sanglans éperons arment ses pieds nerveux ;

Sa queue, en se jouant du dos jusqu'à la crête ,

S'avance, et se recourbe en ombrageant sa tête.

DELILLE, enrichissant sur ces peintures, a cru devoir aussi placer le Coq dans le quatrième chant de ses *Jardins,* qui parurent, pour la première fois, en 1782.

A leur tête est le Coq, père , amant, chef heureux ;

Qui, roi sans tyrannie, et sultan sans mollesse ,

A son sérail aîlé prodiguant sa tendresse ,

Aux droits de la valeur , joint ceux de la beauté ;

Commande avec douceur, combat avec fierté ;

Et fait pour les plaisirs , et l'empire, et la gloire,

Aime , combat, triomphe, et chante sa victoire.

Vous aimerez à voir leurs jeux et leurs combats ,

Leurs haînes , leurs amours, et jusqu'à leurs repas.

La corbeille à la main, la sage ménagère

A peine a reparu ; la nation légère,

Du sommet de ses tours, du penchant de ses toits ,

En tourbillons bruyans descend tout-à-la-fois :

La foule avide en cercle autour d'elle se presse;
D'autres toujours chassés, et revenant sans cesse
Assiégent la corbeille, et jusque dans la main,
Parasites hardis, viennent ravir le grain.

On ne peut refuser à chacun de ces morceaux de l'élégance, du trait, et de la vérité. COLARDEAU nous présente le Coq au milieu de ses amantes, qu'il nourrit et caresse; chez ROSSET, il paroît seul, et développant la beauté de ses formes. DELILLE le saisit au sortir de la ferme, et indique, en passant et à grands traits, ses mœurs et son caractère. Pour LEBLANC, il le voit dans la basse-cour; il y admire à-la-fois ses mœurs, son extérieur, ses actions et son caractère. Il joint aussi à la peinture de ce personnage la peinture du repas commun; mais, avec quel art il dessine d'abord son groupe, pour en détacher ensuite sa figure principale, et fixer sur elle seule toute l'attention!

Pour le coloris, le premier est frais et galant; on n'y desire qu'un peu plus de force. Le second a plus de pompe et de dignité; mais peut-être pas assez de mouvement. Combien le troisième, quoiqu'un peu antithétique, a d'éclat et d'élégance! et dans le dernier, que de chaleur et d'action, malgré son peu de variété!

Si nous entrons dans les détails, par-tout nous trouvons des traits saillans et heureux : ici, c'est le *Sérail assoupi ;* là, *Le front royal, et le plumage qui flotte en longs cheveux ;* ailleurs, c'est le *Roi sans tyrannie,* et le *Sultan sans mollesse ;* enfin dans le dernier, c'est le *Roi du banquet,* caressant *tant d'Hélènes fidelles.*

Tous ont aussi des effets pittoresques. Qu'on relise dans COLARDEAU, en appuyant sur chaque syllabe ce vers imitatif,

*Appeller aigre*MENT *son sérail assoupi.*

Qu'on apprécie la coupe de cet autre vers si galant:

Des baisers.... qui jamais n'ont trouvé de cruelles.

Qu'on voie ensuite avec quelle adresse ROSSET a enchâssé, dans des émistiches brillans de grace et de poésie, ces mots de *créte,* d'*éperons,* de *cou,* de *queue !* comme il a su donner sur-tout à son style la souplesse et la rondeur même de l'objet, dans ces vers si élégans :

Sa queue, en se jouant du dos jusqu'à la créte, S'avance, et se recourbe, en ombrageant sa tête.

DELILLE n'a-t-il pas surpassé ses devanciers, par la précision de ces contrastes d'idées plus encore que d'images : *Les droits de la valeur, et ceux de la beauté..... Commande avec douceur, combat avec fierté*, et sur-tout par l'accumulation de ces traits rapides, comme l'action même :

Aime, combat, triomphe, et chante sa victoire.

Enfin, dira-t-on que LEBLANC est resté au-dessous de ces redoutables rivaux, lorsqu'on examine son Coq, levant *sa tête altière, A la crête de pourpre, à la démarche fière ;* qu'on le voit dans cette coupe si expressive, *laissant tomber vingt fois le grain, qu'il distribue et répand à son choix ;* enfin, qu'on suit sa marche, dans celle de ce vers imitatif.

Il va, revient, jouit, s'applaudit de ses aîles.

Delà passons au spectacle du repas de la basssecour. Ce morceau du poëme des Jardins est du petit nombre de ceux qui ont trouvé grace aux yeux de *l'inclément* CLÉMENT ; c'est assez en faire l'éloge. En effet, comment ne pas admirer la beauté de ces vers dans lesquels *la Nation légère*

En tourbillons bruyans descend tout-à-lafois.

Quoiqu'une de ses expressions soit empruntée de COLARDEAU, qui avoit dit des colombes :

Se relever cent fois en légers tourbillons.

3

Mais *Cette foule avide qui, en cercle autour d'elle se presse,* vaut-elle *Ce monde affamé s'empressant à sa voix,* ou cette confusion avec laquelle *Tout accourt, vole, se précipite?* Il y a de la grace et de la vérité dans ces détails : *D'autres toujours chassés, et revenant sans cesse, assiégent la corbeille;* mais ne sont-ils pas au moins égalés par ceux-ci : *On s'affronte, on se pousse; L'impatiente faim pour un grain se courrouce,* et sur-tout par ce dernier trait si naturel, si rapide : *Plus d'un convive fuit, et revient plus ardent.* Enfin, on a blâmé dans DELILLE, peut-être avec trop de rigueur, cette expression de *Parasites,* pour des animaux domestiques, si utiles à leur maître; mais pouvoit-on l'appliquer plus justement qu'au MOINEAU, et sur-tout en mieux couronner l'idée que par ce vers si agréablement emphatique ?

Vient s'asseoir hardiment à la table d'autrui.

Si l'on ne craignoit le ridicule du Commentaire, on pourroit encore rapprocher ces peintures de celles que POLITIEN, PASSERAT, MOSANT, VANIERE, DU-CERCEAU, etc., ont faites en latin des mêmes objets. Peut-être y trouveroit-on le germe de beaucoup d'images et d'idées qu'on croit bien plus jeunes. Par exemple, le FRONT ROYAL ne vient-il pas de *Cui*

vertice summo. affulget regale decus ? Le plumage
éclatant *qui* DORE SON COU SUPERBE etc., n'est-il pas dans
ces détails non moins élégans :

> *Dulcique errore , coruscæ*
> *Splendescunt cervice jubæ , perque aurea colla*
> *Perque humeros it pulcher honos . . . . . .*

Enfin les traits avec lesquels ROSSET a peint la cour-
bure et les jeux de la queue du Coq, ne sont-ils pas
empruntés de ces vers aussi pittoresques :

> *Et non dijecta , sed altum*
> *In caput , inque humeros erecta volumina caudæ...*
> *Cauda que cervicem suprà revocata coronet.*

Sans doute on ne seroit point surpris de trouver,
qu'avant d'avoir UNE BRILLANTE VOIX , TROMPETTE
DE L'AURORE , le Coq étoit *Lucis prœnuncius ales. . . .*
qui manë canorā voce diem citat ; que si en français il S'APPLAUDIT DE SES AÎLES, en latin *Pulsat*
ovans plaudentibus ilia pennis ; mais en seroit-il de
même , si cette idée de SÉRAIL , qui paroît toute
moderne, devoit sa naissance à celle-ci :

> *Ipse salax totam fœcundo semine gentem*
> *Implet... et Idaliā solus dominatur in aulā.*

Si cette dénomination de SULTAN SANS FOIBLESSE
avoit été inspirée par celle-ci : *Indefessus amans,
redivivis ignibus heros ;* enfin, si ce vers, qui paroît
né français : AIME, COMBAT, TRIOMPHE et CHANTE SA
VICTOIRE, avoit presqu'été traduit de celui-ci :

Pugnat amans, victorque suum canit ipse triumphum.

C'est ainsi que le talent s'enrichit par l'étude de
ceux qui l'ont précédés. Ne peut-il pas reprendre
son bien par-tout où il le trouve ? à plus forte raison
chez des Etrangers ; et chaque jour les langues
d'Homère et de Virgile nous deviennent plus étrangères.

(17) LEBLANC s'étoit fait de son Cabinet un asyle,
que son épouse osoit à peine violer : lorsqu'on y pé-
nétroit, des livres ouverts de tous côtés, des manuscrits placés sur des tables et des chaises, sembloient
avertir les oisifs d'économiser les instans que leur
accordoit un littérateur si occupé. Ses délassemens,
en hiver et les jours de pluie, étoient de faire des
sinets, des paresseux, des serre-papiers, des porte-
feuilles, et des cartons de toute grandeur, des pu-
pîtres de différens degrés d'inclinaison. Ces occupations indiquent des goûts simples, une ame douce
et vertueuse ; elles sont bien préférables aux intrigues

de tant de littérateurs, si fidelles à ce précepte :

Travaillez vos succès, autant que vos ouvrages.

(18) Voici la liste des ouvrages dramatiques, tant imprimés que manuscrits de LEBLANC : MANCO-CAPAC, *premier Ynca du Pérou* ; les DRUÏDES ; VIRGINIE ; le CLERGÉ DÉVOILÉ, ou *les États-Généraux de* 1303 ; RÉMOND VI, ou *les Albigeois* ; LIBERTA, ou *Marseille rendue* ; BRUTUS, ou *l'expulsion des Tarquins* ; VAODICE, *reine des Icènes* ; ZARINE, *reine des Sithes* ; PHILOCTÈTE, *traduit de Sophocle*, et PÉNÉLOPE, Tragédies en 5 actes. ALBERT Ier, et le PHILOSOPHE *à l'épreuve*, Comédies en 3 actes ; enfin, ALEXANDRE, opéra. Qu'on ajoute à ces productions ses autres ouvrages en vers et en prose, et l'on verra que si LEBLANC a eu des défauts, au moins ce n'a pas été celui de la paresse.

(19) Lors de son arrivée à Paris, LEBLANC, comme beaucoup de jeunes talens, avoit voulu débuter par un poëme épique. Étourdi des éloges, qu'on répétoit dans tous les colléges, en l'honneur de Louis XIV, il choisit pour sujet *La conquéte de la Hollande* par ce monarque. Des fragmens de cet ouvrage de sa jeunesse se trouvent dans le *Conservateur*. Plus pénétré dans la suite de l'importance d'une épopée, il se prépara, avec beaucoup de soin, à la composition de sa Henriade. Il étudia dans les auteurs originaux tout ce qui a été écrit sur la Ligue et l'histoire de ce tems, ou des époques qui s'y rapportent ; il en fit des extraits ou des copies. Il passa ensuite aux Critiques tant anciens que modernes, qui se sont occupés de l'épopée. Il étudia enfin les Poètes épiques de toutes les nations ; et il en traduisit plusieurs fragmens en vers et en prose, surtout d'Homère, de Virgile et du Tasse.

(20) Prévenu d'abord contre la méthode de Dumarsais, Leblanc voulut pourtant la connoître avant de se remettre à professer. Il emprunta son ouvrage, et fut frappé de la clarté des principes ; il en fit l'essai, et fut encore plus surpris du succès. Dès-lors il adopta et suivit constamment la marche de ce Grammairien philosophe. Dévoré du desir d'être utile, Leblanc trouva encore, au milieu de ses grandes occupations, le tems de composer une Grammaire grecque, dans une forme jadis trop généralement employée, et peut être maintenant aussi trop dédaignée : celle des vers thecniques.

(21) La surveille de sa mort, Leblanc, contre son ordinaire, refusa, avec beaucoup d'humeur,

tout ce que son épouse lui présenta. Voyant qu'il faisoit couler ses larmes, il la rappelle, lui demande pardon : *Si tu pouvois connoître, lui dit-il, ce qui m'engage à cette dureté apparente, va, tu serois loin de m'en vouloir. Allons, je ne t'affligerai plus.* — Il essayoit, en marquant ses derniers momens par la mauvaise humeur et la dureté, de diminuer les regrets qu'il alloit exciter : cette attention est peut-être ce que la délicatesse et la sensibilité ont jamais produit de plus généreux.

(22) Le citoyen Dumas a répondu à cette invitation. Avant de couronner le buste de Leblanc, il en a fait en peu de mots un éloge très-étendu. Le citoyen Morand, professeur de législation à l'école de la rue Antoine, et qui présidoit la séance du 3o Ventôse, a aussi payé à la mémoire de son collègue le tribut du talent et de l'amitié. Le citoyen St.-Ange l'a célébré dans une inscription faite pour être placée au bas du buste. Enfin, cette touchante cérémonie a été terminée par deux élèves, qui rendirent compte, avec la naïveté de leur âge, de la manière dont le citoyen Leblanc les instruisoit et les conduisoit ; l'un d'eux a fini par ces mots : « Nous avons » partagé les pleurs de sa digne épouse, dont nous » connoissions l'attachement pour lui ; car à la fin de

» chaque classe, elle venoit elle-même apporter à son
» mari, en hiver les restaurans, en été les rafraîchisse-
» mens, que la foiblesse de sa santé lui rendoit néces-
» saires; elle nous encourageoit aussi avec bonté dans
» nos études. En sorte qu'en classe ou dans le cabinet
» du citoyen LEBLANC, nous nous croyions toujours
» en famille; et nous pourrions nous dire véritable-
» ment orphelins, si nous ne trouvions dans le suc-
» cesseur et les collègues d'un si bon maître, de quoi
» adoucir tous nos regrets ».

FIN DES NOTES.

DISCOURS

Du Citoyen DUMAS,

Professeur de Littérature à l'École Centrale des Quatre-Nations.

JE ne tourne point mes regards vers ce buste que je vais, en quelque manière, consacrer par un triste et dernier honneur, sans éprouver, avec un nouveau degré d'amertume, les impressions du regret et de la douleur. L'homme excellent dont il présente l'image, a été vingt ans mon ami. Simple, ouvert, indulgent et bon, il joignit aux vertus douces qui attirent, cette égalité de caractère et cette fermeté de raison, qui seules impriment le sceau de la durée aux périssables attachemens des hommes. Les épanchemens, les soins de l'amitié; le charme des travaux intellectuels; l'entretien des poètes, des orateurs, des historiens, des philosophes : voilà le cercle qui renferme sa vie entière. Nulle ambition, nulle intrigue, nulle rivalité, nul besoin d'une admiration exclusive, nul dédain, nul dénigrement du mérite obscur ou du talent reconnu, nulle caresse insidieuse, nul trafic de louanges, nulles vaines adulations. Son commerce étoit sûr, son langage vrai, sa manière d'agir franche. Nourri de sentimens élevés, passionné pour le beau, riche en idées libérales, il contemploit avec ravissement l'essor de l'esprit humain. L'éclat d'une découverte, l'abolition d'une erreur, l'établissement d'une vérité, le terme d'une oppression, le recouvrement d'un droit, le pénétroient d'une joie intérieure et profonde. Le féroce ennemi des lumières, l'homme dur, l'homme injuste, le forçoient à la haine ; l'homme foible, jouet de l'ignorance, excitoit sa compassion, l'homme faux ou servile, son mépris.

Je ne tenterai point d'esquisser plus au long ces traits éternels de l'ame, que nulle couleur, nul art, selon l'expression de Tacite, ne peuvent ni saisir, ni rendre. J'oserai moins encore toucher aux tableaux énergiques de l'orateur qui ma précédé. Plein de l'émotion qu'il a su répandre, plein de ma propre douleur, si je continue un moment d'élever la voix, c'est, ô mon ami! pour t'adresser un nouvel adieu. J'ai vu tes forces s'éteindre par degrés, j'ai suivi ta pompe funèbre, j'ai pleuré devant ton cercueil. Hélas! tes discours instructifs, tes sages pensées, ton attachement si tendre : tout m'est enlevé. Que du moins, au milieu du solennel honneur rendu à ta mémoire, mes accens lugubres pénètrent jusqu'à toi. Voici le lieu, où brûlant de zèle, tu prodiguois à ta famille adoptive les trésors de tes leçons paternelles. Tes collègues, tes amis; une foule d'étrangers émus, le remplissent. Ta veuve inconsolable manque seule dans ce sanctuaire du deuil; mais tout y raconte sa douleur, tout, jusqu'à ce vain simulacre, sorti, pour ainsi dire, du pieux recueillement de son imagination. Ombre chère, du séjour où tu reposes, compâtis à nos communs regrets ! Quand l'homme vertueux descend dans la tombe, sa renommée lui survit; elle devient un héritage sacré pour les siens, pour ceux qu'il aima, pour le corps entier des sages; s'il laisse des monumens de son génie, elle croît et s'affermit par le tems. Poète philosophe, époux tendre, ami vrai, citoyen pur, instituteur courageux, reçois, à ces titres accumulés, le gage d'un immortel souvenir.

VERS

Pour le buste du Cᵉⁿ. LEBLANC.

De Manco, du Druïde, auteur mâle et hardi,
Émule de Voltaire, émule de Delille,
Après la Henriade, il a chanté Henri ;
Après son traducteur, il a traduit Virgile.
Lucrèce dans ses vers est devenu français ;
Enfin à des enfans, sachant se rendre utile,
Leblanc devint pour eux un nouveau Dumarsais.

Par le Citoyen Saint-Ange, Professeur de Belles-
Lettres à l'École centrale de la rue Antoine.

F I N.

9 782013 363839